Histoire racontée par Ana Isabel Desabre
Adaptation phonographique Marie Jo Aznar

Mère Gothel Isabelle Adjani
Raiponce Maéva Méline
Flynn Rider Romain Duris
Capitaine de la Garde Alexandre Cross
La Main Froide Philippe Dumond

L'incantation de la guérison (1:03)
Interprétée par Maéva Méline « Raiponce »
Musique : Alan Menken • Paroles : Glenn Slater
Adaptation française : Houria Belhadji
Direction artistique : Claude Lombard
© 2010 Wonderland Music Company, Inc. (BMI)/Walt Disney Music Company (ASCAP)
Production : Alan Menken

Où est la vraie vie ? (2:32)
Interprétée par Maéva Méline « Raiponce »
Musique : Alan Menken • Paroles : Glenn Slater
Adaptation française : Houria Belhadji
Direction artistique : Claude Lombard
© 2010 Wonderland Music Company, Inc. (BMI)/Walt Disney Music Company (ASCAP)
Production : Scott Cutler, Anne Preven et Alan Menken

Walt Disney RECORDS

Edité par Hachette Livre - 43 quai de Grenelle, 75905 Paris Cedex 15
Imprimé par TWP en Malaisie
Achevé d'imprimer : février 2014
ISBN : 978-2-01-464046-5
Dépôt légal : Février 2012 - Édition 05
Loi n° 49-956 du 16 juillet 1949 sur les publications destinées à la jeunesse.
Pour tout renseignement concernant nos parutions, nous contacter par téléphone au 01 43 92 38 88 ou par e-mail : disney@hachette-livre.fr

Disney

Raiponce

hachette
JEUNESSE

Il était une fois une fleur magique aux pétales d'or qui avait le pouvoir de guérir les maladies et les blessures. Une seule personne, la méchante et vaniteuse Mère Gothel, savait où la trouver. Pendant des siècles, elle utilisa le pouvoir de la fleur afin de garder une jeunesse éternelle.

Lorsque la reine d'un royaume voisin tomba gravement malade, tout le monde se mit à la recherche de la fleur magique pour pouvoir la soigner. Un garde de la reine finit par la trouver et l'apporta tout de suite au château. Avec la fleur, on prépara une potion qui guérit la reine comme par magie. Quelques mois plus tard, la reine donna naissance à une adorable petite fille. Pour célébrer sa naissance, le roi et la reine lancèrent une lanterne dans le ciel.

Loin du pouvoir guérisseur de la fleur magique, Gothel redevint immédiatement une vieille femme toute ridée. Folle de rage, elle se faufila dans la chambre de la petite princesse. Elle vit que les cheveux blonds du bébé brillaient du même éclat que la fleur magique. Gothel s'empara de l'enfant et disparut dans la nuit. Pour pouvoir rester éternellement jeune, elle devrait toujours garder la princesse à ses côtés.

Gothel enferma la petite princesse, qui s'appelait Raiponce, dans une tour cachée au plus profond de la forêt. Partout dans le royaume on remua ciel et terre pour la retrouver, en vain. Le roi et la reine avaient le cœur brisé. Chaque année, à l'anniversaire de leur fille, ils lançaient des milliers de lanternes dans le ciel étoilé. Ils espéraient que leur lumière aiderait leur fille disparue à retrouver le chemin du château.

Plusieurs années passèrent. Gothel éleva Raiponce comme sa propre fille. Même si elle n'était pas autorisée à quitter sa tour, Raiponce devint une jolie jeune fille intelligente et pleine de vie. Elle avait de beaux cheveux blonds, incroyablement longs.

Ils étaient tellement longs que Gothel utilisait la chevelure de Raiponce pour se hisser en haut de la tour.

– Raiponce ! Lance-moi ta chevelure.

Raiponce passait toutes ses journées à peindre, tricoter, jouer de la guitare et s'occuper des tâches ménagères. Son seul ami était un petit caméléon nommé Pascal, mais malgré tout elle était heureuse.

Il ne lui manquait qu'une seule chose. La veille de son dix-huitième anniversaire, elle décida d'avouer son plus grand souhait à Mère Gothel.

– La fête des lumières, je veux y aller.

Raiponce lui montra le tableau qu'elle avait peint.

– Ces lumières, elles apparaissent chaque année à mon anniversaire et seulement à mon anniversaire. Alors je ne peux m'empêcher de penser qu'elles… qu'elles sont là pour moi. Gothel n'en croyait pas ses oreilles.

– Tu voudrais aller dehors ?

Elle expliqua à Raiponce que le monde extérieur était un endroit terrible, et qu'elle était bien trop faible et fragile pour l'affronter toute seule.

– Je ne veux plus t'entendre parler de quitter cette tour. Est-ce clair ?

By Order of the KING
WANTED!
1.000 CROWNS REWARD!
THIEF

Au même moment, à l'autre bout de la forêt, un voleur appelé Flynn Ryder courait pour échapper aux gardes du château. Il venait juste de dérober une magnifique couronne avec l'aide des frères Stabbington. Flynn, serrant très fort la sacoche contenant le bijou, courait comme un dératé lorsqu'il se retrouva nez à nez avec une affiche réclamant sa capture.

Il était quand même plus beau en vrai !

Les gardes étaient toujours à ses trousses.

– Récupérez cette sacoche, coûte que coûte !

À la première occasion, Flynn se débarrassa des frères Stabbington. On ne pouvait pas leur faire confiance.

Sautant d'arbre en arbre, et faisant tomber des rochers derrière lui, Flynn réussit à semer les gardes. Seul un cheval appelé Maximus réussit à le rattraper. Il suivit même Flynn jusqu'au bord d'une falaise et sur la branche d'un arbre ! Mais l'arbre finit par céder sous leur poids, précipitant l'homme et le cheval dans le ravin.

Dès qu'il toucha le sol, Flynn s'enfuit. Il réussit à se cacher dans une grotte qui se trouvait à proximité. En ressortant de la grotte, il aperçut une gigantesque tour qui se trouvait au milieu d'une clairière cachée dans les bois. Flynn se dit que la tour ferait un endroit rêvé pour se cacher. À l'aide de deux flèches, Flynn se hissa tout en haut de la tour et se glissa à l'intérieur par une fenêtre qui était ouverte.

Effrayée de voir un homme entrer dans sa chambre, Raiponce s'approcha de Flynn avec une énorme poêle à frire et lui donna un grand coup sur la tête ! Flynn était complètement sonné. Raiponce en profita pour enfermer le jeune homme dans une armoire. Elle venait de se défendre toute seule contre un intrus ! Grâce à cette démonstration de bravoure, elle pourrait prouver à Mère Gothel qu'elle était assez forte pour pouvoir affronter le monde extérieur.

– Raiponce ! Lance-moi ta chevelure !

Mère Gothel venait de rentrer et appelait Raiponce pour qu'elle l'aide à remonter. Raiponce décida de lui demander à nouveau si elle pouvait aller voir les lanternes. Mais lorsqu'elle voulut lui montrer Flynn évanoui dans l'armoire, Gothel lui coupa la parole.

– Mais si vous pouviez…

– Raiponce, la discussion est close, compris ?

– Oh, je vous en prie !

– Je ne veux plus en entendre parler ! Tu ne sortiras jamais de cette tour, tu entends ? Jamais.

Mais Raiponce avait trop envie de découvrir le monde. Elle persuada Mère Gothel de partir pendant quelques jours.

Une fois Mère Gothel partie, Raiponce fit sortir Flynn de l'armoire et lui proposa un marché.

– Demain dans la soirée, ils illumineront le ciel avec ces lanternes. Vous me servirez de guide. Vous m'emmènerez les voir, ensuite vous me ramènerez chez moi et là, et seulement là, je vous restituerai votre sacoche.

Flynn n'avait pas le choix.

– Bon d'accord, je vous emmène voir les lanternes.

Raiponce avait vraiment très envie de quitter sa tour, mais maintenant que le moment était enfin arrivé, elle n'était pas très rassurée. Cependant, un coup d'œil vers les lanternes de son tableau suffit à lui faire oublier ses craintes.

Raiponce mit Pascal sur son épaule, puis, déroulant lentement sa longue chevelure par la fenêtre, elle se laissa glisser jusqu'en bas. Elle posa prudemment un pied dans l'herbe, puis l'autre, et esquissa quelques pas.

– Je n'arrive pas à croire que j'ai pu faire une chose pareille. Non je n'arrive pas à le croire. Je n'arrive pas à croire que j'ai pu le faire!

Raiponce était folle de joie. Mais elle se sentait aussi très coupable d'avoir menti à Mère Gothel. Flynn essaya de la convaincre de retourner dans sa tour, mais Raiponce était très déterminée.

– Je veux voir ces lanternes.

Non loin de la tour, Mère Gothel aperçut Maximus. Elle reconnut le blason du royaume sur la poitrine du cheval.

– Un cheval de la garde royale.

Elle se dit soudain que les gardes du château devaient être à la recherche de Raiponce. Elle rebroussa aussitôt chemin en direction de la tour.

– Raiponce ! Raiponce, lance-moi ta chevelure !

Mais personne ne lui répondit. Gothel entra alors par une porte dérobée et se mit à fouiller toutes les pièces. Raiponce n'était plus là.

Elle trouva la couronne que Flynn avait volée et l'affiche réclamant sa capture. Elle partit aussitôt à la recherche de Raiponce.

Entre-temps, Flynn avait emmené Raiponce dans une taverne remplie de brigands pour la convaincre de rentrer chez elle. Raiponce était terrifiée ! Flynn, lui, était ravi.

– Ça n'a pas l'air d'aller, ma jolie. Vous préférez peut-être rentrer à la maison et tout arrêter?

Soudain il vit que quelqu'un lui montrait une affiche avec son visage. Tous les brigands présents dans la taverne voulaient le capturer pour obtenir la récompense! Raiponce se leva et prit la parole.

– Je vous demande de le relâcher. Écoutez, je ne sais pas du tout où nous sommes, et cet homme doit m'emmener voir les lanternes à cette fête dont j'ai rêvé, rêvé toute ma vie. Vous savez ce qu'est un rêve tout de même?

À sa grande surprise, tous les bandits avaient eux aussi un rêve caché. Ils décidèrent de relâcher Flynn.

Tout à coup, Maximus et les gardes du château firent irruption dans la taverne, à la recherche de Flynn. Les frères Stabbington, qu'ils avaient réussi à capturer, se trouvaient avec eux.

– Où est Rider ?

Un des brigands aida Flynn et Raiponce à s'échapper par un passage secret.

– Va, accomplis ton rêve.

Quelques instants plus tard, Maximus découvrit par où ils étaient partis. Les frères Stabbington réussirent à se libérer des gardes, et à s'engouffrer à leur tour dans le passage. Ils avaient bien l'attention de récupérer la couronne !

Raiponce utilisa sa chevelure comme une liane, pour sauter sur un rocher d'abord, puis pour rattraper Flynn et l'attirer vers elle.

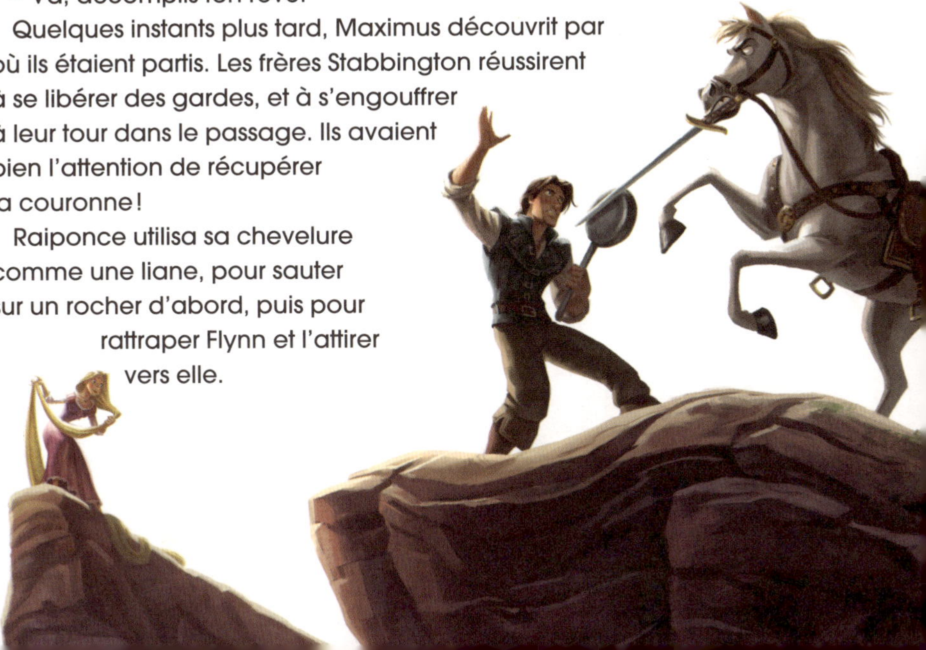

Soudain, le barrage céda et l'eau commença à remplir la grotte dans laquelle ils étaient réfugiés. Maximus, les gardes ainsi que les frères Stabbington furent aussitôt emportés par les flots. Mais Flynn et Raiponce étaient pris au piège dans la grotte ! Flynn essaya de trouver une issue.

– C'est pas la peine. Il fait noir, on ne voit rien.

Raiponce se sentait coupable.

– Pardon, je suis vraiment désolée, Flynn.

– Eugène. Mon vrai nom c'est Eugène Fitzherbert. Autant que quelqu'un le sache.

Raiponce comprit alors qu'elle pouvait lui faire confiance et lui révéla son secret.

– J'ai des cheveux magiques qui s'illuminent quand je chante.

Réalisant que sa chevelure pouvait éclairer la grotte, elle se mit aussitôt à chanter. Ils plongèrent sous l'eau et Flynn réussit à trouver la sortie.

Entre-temps, Mère Gothel était arrivée à la taverne et avait pu voir Raiponce et Flynn s'enfuir à travers le passage. Quelques instants plus tard, elle tomba sur les frères Stabbington et leur proposa de les aider à se venger de Flynn. En réalité, Gothel avait l'intention de se servir d'eux pour obliger Raiponce à regagner sa tour.

Raiponce, Flynn et Pascal avaient quant à eux réussi à regagner le rivage et se séchaient maintenant autour d'un feu de camp. Flynn était blessé, alors Raiponce lui enveloppa la main dans sa chevelure magique et commença à chanter.

Ses cheveux s'illuminèrent et la blessure de Flynn disparut aussitôt. Raiponce expliqua à Flynn que sa chevelure avait des pouvoirs magiques convoités de tous.

– C'est un don précieux qu'il faut absolument protéger. C'est pour ça que mère ne me laisse pas…

– Vous n'êtes jamais sortie de cette tour ?

Hochant la tête, Raiponce changea de sujet.

– Personnellement, je préfère de beaucoup Eugène Fitzherbert à Flynn Rider.

Quand Flynn partit chercher du bois, Mère Gothel, qui était cachée, sortit de l'ombre.

– Rentrons Raiponce, tout de suite.

Mais Raiponce refusa de la suivre.

– Vous ne comprenez pas. Ce voyage est des plus extraordinaires. J'ai vu et appris des choses passionnantes ! Et j'ai même fait une rencontre. Je crois qu'il m'apprécie.

Gothel suggéra alors à Raiponce de rendre la couronne à Flynn, puis elle s'en alla. Elle était sûre que dès qu'il aurait récupéré le bijou, Flynn allait quitter Raiponce. La jeune fille avait envie de croire en Flynn, mais elle avait peur que Mère Gothel n'ait raison. Elle s'empressa de cacher la couronne.

Le lendemain matin, Maximus essaya d'emmener Flynn de force ! Raiponce se posta devant le cheval.

– Aujourd'hui, on peut dire que c'est pratiquement le plus grand jour de ma vie et je souhaiterais, si ce n'est pas trop te demander, que tu n'arrêtes pas ce monsieur. Laisse-lui vingt-quatre heures, ensuite vous pourrez vous chamailler autant que vous voudrez. D'accord ?

Maximus et Flynn étaient d'accord pour faire une trêve. Soudain, on entendit une cloche retentir au loin. Intriguée, Raiponce se demanda d'où pouvait venir ce son, lorsqu'elle aperçut le royaume. Son rêve le plus cher était sur le point de se réaliser !

Accompagnée de Flynn, Maximus et Pascal, Raiponce arriva aux portes du royaume. En entrant dans la ville, elle se dit qu'elle n'avait jamais rien vu d'aussi merveilleux. Un petit garçon lui tendit un drapeau avec le blason du royaume, qui représentait un soleil. Puis un groupe de petites filles s'approcha de Raiponce et lui tressa de jolies fleurs dans les cheveux.

Poursuivant sa promenade dans la ville, Raiponce aperçut une fresque immense représentant le roi et la reine avec leur petite fille. La petite princesse avait les mêmes grands yeux verts que Raiponce.

Raiponce et Flynn passèrent un long moment à flâner et danser dans les rues de la ville. Puis, à la nuit tombée, ils firent une balade en bateau pour admirer le magnifique paysage autour d'eux. Raiponce se sentit soudain inquiète. Si son rêve venait à se réaliser, qu'est-ce qui se passerait après ? Flynn connaissait la réponse.

– Oh, une chose passionnante. Vous devrez trouver un nouveau rêve.

Les lanternes se mirent à remplir le ciel, et Flynn tendit sa propre lanterne à Raiponce pour qu'elle puisse la faire s'envoler. En échange, Raiponce lui rendit la couronne. Elle n'avait plus peur que Flynn la quitte à présent.

Sous la lueur des lanternes, Flynn prit la main de Raiponce et plongea son regard dans ses grands yeux verts.

Quelques instants plus tard, Flynn aperçut les frères Stabbington. Il ramena aussitôt le bateau vers la rive.

– Je suis désolé. J'ai seulement un problème à régler. Je reviens vite.

Attrapant la sacoche, Flynn sauta sur le quai. Il s'approcha des deux frères, et leur rendit la couronne. Raiponce était bien plus importante à ses yeux. Mais les frères Stabbington étaient maintenant plus intéressés par Raiponce et sa chevelure magique. Ils assommèrent Flynn d'un coup de poing et le renvoyèrent dans l'eau, après l'avoir attaché à la barre d'un bateau.

Puis ils racontèrent à Raiponce que Flynn avait échangé sa chevelure magique contre la couronne.

– Non, il ne ferait pas ça !

Raiponce aperçut alors Flynn qui s'éloignait sur son bateau. Et dire qu'elle avait cru en lui !

Raiponce s'enfuit vers la forêt, poursuivie par les frères Stabbington. Soudain, elle entendit un bruit sourd. C'était Mère Gothel qui avait réussi à assommer les deux bandits. Raiponce se jeta dans ses bras.

– Vous aviez raison, mère.

– Je le sais ma chérie. Je le sais.

Sur ces mots, Gothel emmena Raiponce vers la tour.

Le bateau de Flynn continuait à dériver. Au bout d'un moment il vint s'écraser contre les remparts du château. Deux gardes s'emparèrent aussitôt de Flynn et le jetèrent en prison. Maximus avait assisté à toute la scène. Il devait faire quelque chose !

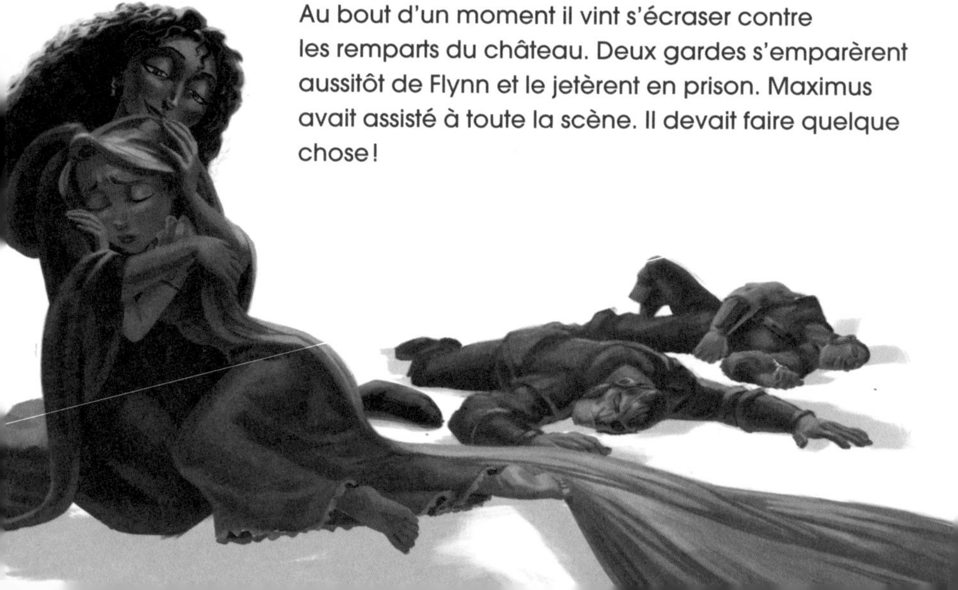

Dans la prison, Flynn aperçut les frères Stabbington qui étaient dans un cachot voisin. Les deux frères lui avouèrent que Mère Gothel leur avait tout dit au sujet des cheveux de Raiponce et s'était servie d'eux pour pouvoir la retrouver. Soudain, les bandits de la taverne pénétrèrent dans la prison pour libérer Flynn. Le plan de Maximus avait fonctionné !

Flynn remercia le cheval et partit aussitôt sauver Raiponce. Dans sa tour, Raiponce avait le cœur brisé. Elle tenait dans ses mains le drapeau que le petit garçon lui avait donné. Elle regarda le soleil sur le drapeau et réalisa soudain que depuis des années elle peignait ce même symbole sur tous ses tableaux !

Elle comprit tout à coup ce que ça voulait dire.

– Je suis la princesse disparue. N'est-ce pas?

Mère Gothel essaya de lui parler, mais Raiponce ne voulut rien entendre.

– Vous aviez tort pour le monde extérieur! Je ne vous laisserai plus jamais, plus jamais utiliser ma chevelure!

Mais Gothel n'avait pas l'intention de la laisser partir.

Flynn arriva bientôt devant la tour.

– Raiponce ! Raiponce, lance-moi ta chevelure !

La fenêtre s'ouvrit, et Raiponce laissa tomber sa longue chevelure dorée. Flynn se mit à grimper vers le sommet.

En arrivant en haut de la tour, Flynn vit que Raiponce était enchaînée.

Il se précipita pour la détacher, mais Gothel le blessa grièvement. Raiponce promit à Gothel qu'elle ne la quitterait jamais si elle la laissait guérir Flynn. Gothel accepta, après avoir enchaîné Flynn au mur. Raiponce courut vers Flynn et posa ses longs cheveux sur sa blessure.

– Non, Raiponce. Je t'interdis de te sacrifier.

Mais Flynn comptait plus que tout pour Raiponce.

– Et je vous interdis de mourir. Tout va s'arranger.

Attrapant soudain un morceau de verre, Flynn coupa les longs cheveux de Raiponce. Aussitôt ils devinrent bruns et perdirent leur pouvoir magique de guérison. Mère Gothel courut se regarder dans un miroir et vit alors ce qu'elle était devenue : une vieille femme toute ridée.

– Qu'avez-vous fait ?

Après quelques instants, elle tomba en poussière.

Raiponce se tourna vers Flynn.

– Ne partez pas, restez avec moi.

Le jeune homme lui caressa la joue.

– Tu étais mon nouveau rêve.

Flynn ferma les yeux, et Raiponce se mit à pleurer. C'était fini ! Elle laissa échapper une grosse larme dorée qui tomba sur la joue de Flynn. Aussitôt la larme, puis le corps de Flynn tout entier s'illuminèrent. Le jeune homme était guéri.

– Raiponce ?

Ils échangèrent leur premier baiser.

Accompagnée de Flynn, Maximus et Pascal, Raiponce se rendit immédiatement au château. Le roi et la reine étaient fous de joie d'avoir retrouvé leur fille disparue.

Aussitôt, tous les gens du royaume se réunirent pour célébrer le retour de Raiponce et de ses amis.
Cette nuit-là,des milliers de lanternes brillèrent à nouveau dans le ciel.
C'était grâce à leur lumière que la princesse avait enfin pu retourner chez elle.

Mes Livres CD